Le Visa et Un Bonheur Cache

Prince E.A.J. Kenny

Sierra Leonean Writers Series

Warima/Freetown/Accra
120 Kissy Road, Freetown, Sierra Leone
Kofi Annan Ave, North Legon, Accra, Ghana
Publisher: Prof. Osman Sankoh (Mallam O.)
publisher@sl-writers-series.org
www.sl-writers-series.org

Le Visa et Un Bonheur Cache

Copyright © 2017 by Prince E.A.J. Kenny
All rights reserved.

This is a work of fiction. Except in a few obvious instances, names, places, institutions and incidents are either products of the author's imagination or have been used fictitiously. Any resemblance to actual events, places, or persons alive or dead is purely coincidental

No part of this book may be reproduced in any form or by any electronic or mechanical means except by reviewers for the public press without written permission from the publishers.

ISBN: 978-9988-8743-2-2

Sierra Leonean Writers Series

Edité par

Monsieur Solomon R. Fofana – Chef de filière Francaise Fourah Bay College, Université de Sierra Leone.
Dr. Moira Ferran – professeur de Français â Fourah Bay College, Université de Sierra Leone

Table de Matières

Page

1. Dédicace — ii
2. List des étudiants — iii
3. Remerciements — v
4. Introduction — vii
5. Remarques Spéciales — ix
6. Le Visa — 1
7. Un Bonheur Caché — 40

Dédicace

Je dédie cette collection aux étudiants et élèves qui suivent les cours de Français en Sierra Leone

Noms des étudiants qui ont participé aux presentations théâtrales.

Salma Elizabeth Turay
Noé Tolno
Prisca Bureh
Rugiatu Bawoh
Kumba Margaret Mondeh
Mohamed Turay
Morrison Swarray
Stephen Bockarie
Pateh Bah
Yasmine Ibrahim
James K. Fortune
Mohamed lamin Jalloh
Stephen Kanneh
Abdulai Bah
Fatmata Bintu Sesay
Albert Bockarie
Alhaji Baba

REMERCIEMENTS

Je suis très content d'exprimer mes remerciements aux personnes dont les noms suivent pour leur contribution, d'une manière ou d'une autre à la réalisation de cette collection de saynètes :
- Au Docteur Moira Ferran et à Monsieur Solomon R. Fofana, vous avez consacré la plupart de votre temps pour revoir le manuscrit afin de réaliser la production finale de cette collection.
- Vous les étudiants de la filière française du département de Langues à Fourah Bay College dont les noms suivent :
    - Salma Elizabeth Turay
    - Noé Tolno
    - Prisca Bureh
    - Rugiatu Bawoh
    - Kumba Margaret Mondeh
    - Mohamed Turay
    - Morrison Swarray
    - Stephen Bockarie
    - Pateh Bah
    - Yasmine Ibrahim
    - James K. Fortune
    - Mohamed lamin Jalloh
    - Stephen Kanneh
    - Abdulai Bah
    - Fatmata Bintu Sesay
    - Albert Bockarie

- Alhaji Baba

Vous avez été très galants à participer à la réalisation de ces saynètes pendant la présentation théâtrale qui fait partie de votre cours de théâtre à l'université. Je suis très reconnaissant de votre dévouement et je vous remercie infiniment.

Je voudrais également remercier mes anciens professeurs de Français qui ont rédigé de bonnes remarques de moi. Je suis sûr qu'elles sont fières de mes acquis et je leur promets de continuer à travailler dur afin de leur donner la joie et la satisfaction.

Enfin, je remercie d'avance tous les lecteurs de ces saynètes. Je suis de la ferme conviction que vous serez d'accord du choix des thèmes qui sont contemporains. Si vous trouvez une réflexion de vous dans les saynètes, ne soyez fâchés contre moi mais essayez de faire du mieux pour surmonter les problèmes exposés au cours des saynètes.

Merci à tout un chacun et Que Dieu vous bénisse !

Le Visa et Un Bonheur Caché/ Prince Kenny

Introduction

Les théâtres intitulés "*Le Visa*" et "*Un Bonheur Caché*" présentent les réalités contemporaines. Dans le premier, Prince Kenny met à la lumière le problème de migration des jeunes à l'occident en quête d'un meilleur mode de vie. Le protagoniste Ibrahim Conte, après avoir fini ses études universitaires, n'arrive pas à trouver un bon travail. Heureusement pour lui, il a rencontré son condisciple à l'université – Lamine Kourouma qui chômait également que lui. Ibrahim lui a proposé une idée et les deux devaient aller chercher le visa Schengen pour aller en France. Lamine qui était chrétien, n'a pas accepté la proposition de chercher le visa clandestinement et il a fait sa demande a l'Ambassade de France. Par contre, Ibrahim a donné de l'argent à un certain Monsieur Diallo qui était un tricheur. Peu après, les policiers sont venus appréhender Monsieur Diallo, ses travailleurs ainsi que ceux qui lui avaient donné de l'argent pour le visa. Il a été incarcéré. Quant â Lamine, il a eu le visa de l'Ambassade et le jour de son départ a coïncidé avec la sortie de prison de son ami Ibrahim. Ce-dernier était très triste d'apprendre que son ami partait à l'étranger.

Dans le deuxième, Monsieur Kenny nous montre les problèmes d'héritage, surtout en Afrique. Dans ce théâtre, Madame Juliana Williams, la mère de Georges Williams, maltraitait le fils unique de son frère qui est décédé. Thomas Smith, son neveu vivait dans une situation terrible alors que sa tante et son cousin vivaient dans la richesse. Cette richesse devait être à Thomas car avant sa mort, le père de thomas avait dit a sa sœur Juliana de s'occuper de Thomas et la maison devrait lui appartenir.

Malgré cette persécution, Thomas n'a jamais insulté sa tante. Il était très engagé à servir son Seigneur Jésus. Cette situation a continué jus qu'au moment ou Juliana a fait un voyage avec son fils Georges. Pendant son absence, son frère Jacques – qui est également l'oncle de Thomas- est venu de l'extérieur. Oncle Jacques était surpris de trouver Thomas chez Juliana car cette-dernière avait dit a Jacques que Thomas est mort. Pendant une conversation avec son neveu Thomas, Oncle Jacques lui a tout révélé et il était très fâché contre sa sœur qui a fait souffrir leur neveu. Oncle Jacques a fait tout pour que Thomas ait son héritage. A son retour des vacances, Jacques était très fâché contre sa sœur et il lui a dit de ne plus communiquer avec lui. Pleine de honte, Juliana a demandé pardon a son frère. Heureusement pour Thomas, il a pu avoir son vrai héritage, grâce a son oncle Jacques.

Remarques Spéciales à propos des Théâtres

1. Monsieur Kenny est considéré un homme de persévérance et depuis ses études à l'université, il avait la passion de l'écriture. Les deux Théâtres attestent qu'il est dramaturge qui a révélé les réalités de nos jours. Un homme très admirable et intelligent.
(Par Edith Kpendema – l'Ex- professeur de Français à Milton Margai College of Education).

2. L'impact de Monsieur Kenny sur l'université de FBC est très grand et son écriture littéraire atteste qu'il est très sérieux et prolifique. Il a une personnalité très calme et une motivation intrinsèque qui le pousse vers l'excellence. Les Théâtres sont considérés très importants surtout dans les sociétés où nous vivons.
(Par Jane Godwin – l'Ancienne Directrice Centre Pédagogique de Français – Sierra Leone).

LE VISA

LE VISA

PERSONNAGES
- Lamine Kourouma – Ami d'Ibrahim
- Ibrahim Conté – Ami de Lamine
- Alpha Diallo – Tricheur
- Saffie Kargbo – Tricheuse
- Mabinty Sesay – Tricheuse
- Bobson Toure – Tricheur
- Cecilia Jones – Copine d'Ibrahim`
- Patrick – Ami de Lamine
- Fanta Kourouma – Mère de Lamine
- Les Agents de police

SCENE 1 – *(Lamine et Ibrahim sont de des meilleurs amis. Ils ont fini les études universitaires, il y a cinq ans. Jusqu'à présent, ils n'arrivent pas à trouver du travail. Ils se croisent sur la route du marché qui est plein de gens. Il y a également des vendeuses de légumes et de piment. Les deux amis s'arrêtent a cote d'un enfant qui vend de l'eau et ils discutent leur problème commun)*

Ibrahim – Lamine le plus fort de notre promotion à l'université, comment ça va mon ami? Ca fait un bon moment qu'on ne s'est pas vu. J'espère que tout va bien chez vous.

Lamine – *(En riant)* Ibrahim le plus grand moqueur du siècle, comment ça va ? Tu veux te moquer de moi. Tu sais que nous étions tous très forts pendant nos études. C'est pour cela que nous sommes sortis de l'université avec de bonnes mentions *(un peu sérieux maintenant et avec un ton désespéré)*. Mon frère, je te dis que la vie n'est pas du tout facile. Imagine-toi, depuis qu'on a fini les études, je n'ai pas encore trouvé un travail, même si c'est un travail à temps partiel. La vie n'a pas été agréable pour moi depuis ce temps-là. Si je savais que la situation serait très difficile de trouver un travail après avoir fini l'université, j'allais rester à la maison. Cela aurait été la meilleure des solutions. J'en ai marre. La vie n'est pas bonne envers moi. *(il commence à pleurer)*.

Ibrahim – *(Touché par l'histoire de son ami, il prend le courage)*. Ne pleure pas mon ami ! A chaque jour sa peine. Lamine, il ne faut pas oublier que nous sommes dans le même bateau. Quant à moi, J'ai tenté plusieurs fois mais c'est toujours le même résultat. Chaque fois, on me demande une expérience de trois ans au mois. Comment est-ce que je pourrais avoir cette expérience lorsqu'il n'y a pas de travail. Tout récemment, j'ai postulé à une banque pour un poste de caissier. Tout s'est bien passé jusqu' à l'interview. En retournant à la maison ce jour-là, j'étais convaincu que ma prière avait été exaucée. Les membres du jury m'ont également félicité et ils ont promis de me contacter très bientôt. Mon frère, je te le dis, jusqu'à présent, rien. Mon frère, ce n'est pas du tout une chose très facile pour moi. A maintes reprises, ma copine Cecilia me donne de l'argent de poche. Elle me dit qu'elle sait que je suis sans emploi mais à vrai dire, je ne suis pas à l'aise de partager son argent de poche. De temps en temps, ma mère me donne de l'argent de poche, compte tenu de ma situation mais j'ai honte maintenant. C'est moi d'ailleurs qui dois leur donner. Elles disent qu'elles veulent que je me sente à l'aise mais je le trouve très bizarre. Imagine la scène ! Ma mère qui doit maintenant s'attendre à ce que je l'aide financièrement, c'est elle qui continue à me donner de l'argent. Quant à Cecilia, je lui ai dit d'arrêter de m'en donner mais elle refuse. Elle dit qu'elle le fait par amour pour moi. Tu vois comment je suis dans l'embarras? Je prie Dieu de me faire sortir de cette boue de chômage.

Lamine – (*Montrant son accord, commence à rire*) Amen mais on doit commencer quelque part. On ne doit pas continuer à se plaindre. On doit trouver une solution à ce problème de chômage.

Ibrahim – Tu l'as bien dit. Mais la question difficile c'est où commencer ? Nous n'avons pas assez d'argent pour faire le commerce. Si au moins on avait quelque somme d'argent, on aurait pu mettre nos ressources ensemble pour commencer une entreprise et avoir de l'espoir.

Lamin – *(satisfait de cette proposition, et avec un clin d'œil)* Exactement mon frère mais tu penses qu'on peut réussir ? Regarde notre pays ; là où il y a pas mal de jalousie et de tricherie. Dès qu'on commence, il y aura des gens qui vont saboter nos efforts. Si on réussit à avoir l'argent pour commencer le commerce, je vous conseillerais de chercher quelqu'un qui s'occupera du magasin alors que nous, on pourra surveiller e temps en temps.

Ibrahim – Tu as bien dit Lamin mais qui serait la meilleure personne à contacter ? Tu viens de dire que notre pays est plein de tricheurs et je me méfie de presque tout le monde maintenant *(il fait une pause et après avoir toussé, il continue)*. J'ai vécu une histoire de tricherie très récemment et je ne voudrais pas en être victime. J'ai un cousin qui habite aux Etats-Unis. Après avoir passé des années là-bas, il a décidé de venir investir dans son pays. Il a amené deux conteneurs plein d'équipements à vendre et il a même loué un bureau en ville. Comme son frère aîné qui s'appelle Lawrence n'avait pas de travail et qu'il avait une famille de quatre personnes, mon cousin Frank lui a dit de s'occuper du magasin surtout quand il ne serait pas en Afrique. *(il sourit)*. Pour démontrer sa volonté de l'aider à s'en sortir, Frank avait même proposé un bon salaire de cinq million de Leones par mois à son frère Lawrence. Tu sais ce que Lawrence a fait?

Lamine – (*Un peu curieux*) Non. Dis-moi ce qu'il a fait?

Ibrahim – Lamine, tu me surprends. Tu fais comme si tu n'habites pas dans ce pays (*pause*) pour répondre à ta question, je te dirai que Lawrence a détourné l'argent de Frank et il a même abandonné le magasin. Quand Frank est retourné six mois après, il a dû payer les arriérées de loyer, d'eau et d'électricité. Il est allé chercher son frère chez lui, mais sa femme lui a dit que son mari avait voyagé sans dire où il allait. Les voisins l'ont appelé pour lui dire que son frère Lawrence était en ville mais en cachette. (*Il se respire*). Ayant appris cette nouvelle, Frank n'a rien dit. Après avoir réglé toutes les dettes, il s'est juré de ne jamais aider ses frères. Il a pris sa valise et il est retourné aux Etats-Unis. Un mois après son départ, Lawrence est tombé gravement malade et sa femme avait le culot de téléphoner à Frank pour lui demander de l'aide. Bien sûr il a refusé. Lawrence ne s'en est pas remis de sa maladie et il est mort. A sa mort, sa femme disait aux gens que c'était Frank qui avait tué Lawrence. Quand Frank a entendu ce que sa belle-sœur disait, il lui a téléphoné pour bien l'insulter. Par la même occasion, il lui a rappelé les activités louches que son mari faisait lors qu'il avait la charge du magasin. La femme avait honte et a demandé pardon qui n'était pas accepté.

Lamine – (*Ebahi*) Je suis stupéfait. Le monde est gâté. Qui allait imaginer que le frère de Frank allait se comporter de cette façon ? C'était une vraie trahison. Quant à nous, qu'est-ce qu'on va faire maintenant? Revenons à nos moutons!

Ibrahim – (*Il réfléchit*) Je voudrais te proposer une idée mais je ne sais pas si tu vas l'accepter.

Lamine – (*Il s'attend à cette proposition avec un air content*) dis-la-moi. Tu sais que nous sommes fatigués de rester chômeurs, peut-être que ta proposition peut nous soulager et changer la situation actuelle.

Ibrahim – (*Un air satisfait*) Alors, nous pouvons chercher le visa pour quitter le pays. Arriver à l'occident, nous allons nous débrouiller et dans cinq ans, on aurait assez d'argent pour combler nos vides. Si nous voulons, nous pourrons rentrer au pays et commencer des activités rentables. Qu'en penses-tu mon cher ami ?

Lamine – (*En souriant*) C'est une idée merveilleuse. Je n'y pensais jamais. Tu vois pourquoi je te disais que tu étais aussi intelligent que moi. Tu as une excellente proposition mais une préoccupation est que nous devons prendre en compte le pour et le contre avant d'entreprendre cette activité. (*En parlant la vérité avec un air sérieux*) Tu vois que les économies de quelques pays à l'occident sont en faillite. Arriver à l'Occident, on doit chercher un travail très vite. Sinon, on va avoir des difficultés pour manger, se loger et de l'argent de poche. Il y a aussi le risque d'être rapatrié, si les gens savent que nous sommes des chômeurs comme eux.

Ibrahim – (*Il hoche sa tête pour donner son approbation*) Tu as tout à fait raison Lamine, mais ne t'inquiète pas ! J'ai un lien qui va faciliter tout pour nous. Il y a quelqu'un qui m'a parlé d'un certain monsieur qui aide les gens non seulement à avoir le visa de n'importe quel pays du monde, mais aussi le logement pendant trois mois après leur arrivée à l'Occident. Pour un départ, nous allons tenter de chercher les visas Schengen parce qu'avec le visa Schengen, nous pourrons aller à plusieurs pays en Europe, à l'exception de l'Angleterre.

Lamine – C'est vrai parce que la grande partie de l'Europe fait partie de l'Union Européenne. Une autre question, cet ami dont tu parles, travaille-t-il à l'Ambassade? Est-ce que c'est un homme d'Affaires ? Ou bien va-t-il un poste gouvernemental ?

Ibrahim – *(Fâché)* Lamine, tu commences déjà tes bêtises. Pourquoi veux-tu savoir tous ces détails? Je t'ai dit que j'ai un ami qui va nous aider et tu cherches à savoir les détails. Tu me compliques la tâche. Et tu fais comme si tu n'as pas confiance en moi.

Lamine – (*Honte et désolé*) Ce n'est pas comme tu penses mon cher ami. Pardonne-moi si je t'ai fait du mal mais franchement dire, il faut que je sache la vérité et connaisse la personne à qui je vais donner mon argent. Tu sais que je ne travaille pas et je devrais demander à ma mère ou à ma copine de me donner ladite somme. Donc, je ne voudrais pas donner mon argent à un escroc qui va s'enrichir à mes dépens.

Ibrahim – (*Avec un peu d'impatience*) Crois-en-moi! Je sais que tu es un homme religieux et tu respectes les normes chrétiennes. Je sais bien que tu ne veux pas faire des activités qui vont te mettre dans l'embarras. Je te promets que cette fois-ci, ça va marcher et dans deux mois, nous serons contents.

Lamin – (*Un peu convaincu*) D'accord. Comme tu l'as dit, je te suis. Je ne suis pas très au courant de ces choses c'est toi qui vas m'orienter.

Ibrahim – Pas de problème. Aie confiance en moi! Je vais appeler le monsieur en question maintenant *(Il compose le numéro d'Alpha et fait une discussion) Allo….. C'est Ibrahim qui est a l'appareil… quand est-ce que vous serez libre … ? Alors je viendrai…. Mais pas seul….j'ai un autre client qui est mon meilleur ami…. A bientôt monsieur. (Des qu'il raccroche, il continue la discussion)* je lui ai téléphoné. Il m'a dit que nous devrions le rencontrer demain vers 13 heures. Es-tu libre à cette heure-là?
Lamine – (*Plein d'enthousiasme*) Bien sûr, nous irons ensemble. Merci d'être gentil et on se revoit demain (ils se séparent).

SCENE 2

(*Dans le bureau DIALLO.COM – MON DIEU POURVOIRA A TOUS VOS BESOINS. Les complices du propriétaire Alpha Jalloh sont déjà arrivés et ils ont commencé à travailler. Après quelques secondes leur patron Alpha entre*).

Bobson – (*Content*) Chers collègues, comment ça va aujourd'hui?

Les Collègues – Ca va. Nous nous portons à merveille. Et toi?

Bobson – Ca va. Tant que notre entreprise marche, tout ira bien pour moi.

Saffie – Quoi de neuf Bobson? As-tu trouvé un bon marché pour nous?

Bobson – (*Souriant*) Pas pour le moment mais je suis sûr que d'ici à la fin de ce mois, nous aurons beaucoup de travail (*Une pause*). Nous nous approchons des grandes vacances et la plupart des gens voudraient voyager. Comme les Ambassades refusent de donner les visas, notre institution à nous va sauver beaucoup de gens. La bible l'a même déclaré en Philippiens 4 :19 : « Mon Dieu pourvoira à tous tes besoins » Cette citation est même écrite sur le panneau de notre organisation. Mes amis, nous avons le moment propice de nous enrichir. Les jeunes ne veulent pas être patients. Ce qu'ils veulent c'est quitter le pays. Lorsqu'ils partent, qui va développer leur pays ?

Mabinty – (*Souriante*) Et avec un grand nombre de clients qui viennent vers nous pour le visa, nous serons tous des milliardaires dans un clin d'œil (une pause) A propos, comment va ta copine Bobson?

Bobson – (*En sifflant*) Laisse-la tranquille. Elle pense qu'elle a une bête comme moi.

Mabinty – (*Surprise*) Pourquoi tu l'insultes comme ça? Je suis femme aussi et il faut savoir parler des femmes aux gens surtout à une femme comme moi.

Bobson – (*Honteux*) C'est vrai mais si tu entends ce qu'elle a fait, tu auras honte d'elle (une pause) Je lui ai dit d'aller chercher le travail et elle m'a dit qu'elle ne veut pas travailler. Ce qu'elle veut c'est de rester à la maison et faire des enfants pour moi comme si elle travaille à l'usine des enfants (*Il rit*). Tout ce qu'elle aime c'est faire l'amour. Elle oublie qu'étant donne la situation économique actuelle du pays, il ne faut pas avoir beaucoup d'enfants. C'est la grâce de Dieu qui a fait que nous travaillons parce qu'il y a beaucoup de gens qui ne travaillent pas ; mêmes les diplômés de l'université

Saffie – (*Fâchée*) Bobson, ta copine n'est pas du tout sérieuse. De nos jours, tout le monde doit travailler. Regarde-nous, nous sommes femmes mais nous ne restons pas à la maison les bras croisés. Nous sommes ici dans ce bureau pour chercher notre pain quotidien. On sait que notre entreprise n'est pas crédible et il y a un grand risque mais quand il s'agit de chercher de quoi manger, nous venons ici tous les jours. Si je la connaissais, je lui aurais dit qu'elle devrait être prudente.

Bobson – (*Content*) Saffie, j'aime la façon dont tu réagis. Vous voyez maintenant pourquoi je l'ai laissée? Je cherche une femme maintenant qui va m'aider dans tous les domaines de la vie.

Mabinty –(*Satisfaite*) Et je te soutiens mon frère. Fais ce que tu juges utile! (une pause) Les amis, on doit commencer le travail aujourd'hui. Vous savez que nous devons terminer ce que nous avions commencé hier avant que le patron n'arrive.

Saffie – (*Avec un sourire*) C'est bien dit Mabinty. Allons! Chacun à sa tâche. Vous savez que notre patron est très strict et si on ne finit pas son travail, il n'aura pas son salaire à la fin du mois (*Ils commencent à travailler et dans quelques minutes, leur patron arrive. Saffie est la première à dire bonjour*) Bonjour Patron Alpha

Alpha – Bonjour Saffie et bonjour à tous

Mabinty et Bobson – (*Calme et avec une attitude respectueuse*) Bonjour patron. Vous êtes en retard aujourd'hui. Êtes-vous malade ? Ou bien avez-vous rencontré une copine hier soir et cela vous a retardé ce matin?

Alpha – (*En riant*) Oui c'est ma nouvelle copine qui m'a retardé aujourd'hui (*il sort l'équipement de sa poche et leur montre. Les travailleurs sont surpris et ils posent des questions*). Hier, quand j'ai quitté le bureau, un ami m'a appelé en disant qu'il voulait me voir. Arrivée chez lui, j'ai rencontré quelqu'un qui est venu des Etats-Unis avec cette copine –là (*en montrant la machine*). D'après lui, ce type de machine est ce que les Ambassades utilisent chez eux pour produire les visas et elle peut produire beaucoup de visas dans peu de temps. J'ai profité de l'occasion de la prendre au crédit et j'ai promis de payer dans un mois. Quand je suis rentré chez moi, j'ai passé presque toute la nuit à lire la notice et à essayer de la faire marcher. Comme j'avais des passeports de clients chez moi, j'ai déjà tamponné les visas. Avec cette machine, nous serions plus efficaces et on aura beaucoup plus de clients.

Bobson – (*Etonné mais plein de satisfaction*) Patron, vous êtes une grande personnalité. Personne ne doit vous minimiser car vos idées sont supers.

Alpha – Merci Bobson. (*Il rit en leur montrant la machine*). Voilà la copine qui va nous aider à faire des millions (pause), regardez!

Saffie – (*Avec un air fier*) Patron vous n'avez pas d'égaux dans ce monde. Vous êtes unique et on est fier de vous. Je sais bien qu'après deux mois, vous allez changer de voiture. Je vous demande en avance de me vendre celle que vous utilisez actuellement.

Alpha – (*Heureux*) Merci Saffie de ton compliment et il faut continuer à prier pour que ceci marche bien. Ne t'inquiète pas, je te la vendrai. Dès que nous réussissons, vous aurez une augmentation de salaire de cent pourcent. Nous allons aussi chercher un autre bureau plus grand et plus spacieux que celui-ci.

Mabinty – Que Dieu exauce nos souhaits! Vive notre Directeur proactif et gentil !

Alpha – Amen (*Pause*) Du coup, je dois recevoir deux personnes à 13 heures. Ils m'ont rencontré hier et il paraît qu'ils voudraient des visas mais on n'a pas beaucoup discuté. Je leur avais dit de venir me voir aujourd'hui. Donc, quand ils arrivent, il faut leur monter mon bureau.

Bobson – Pas de problème monsieur (*Alpha rentre dans son bureau alors que les travailleurs continuent à faire leur devoir*). Deux minutes après, Lamine et Ibrahim entrent. Ils demandent à voir Alpha).

Ibrahim – Bonjour monsieur, nous cherchons un certain Monsieur qui s'appelle Alpha Diallo. On nous a dit qu'il est propriétaire de cette Enterprise Diallo.Com ; Mon Dieu Pourvoira A Tous Vos Besoins. Est-il au bureau ?

Bobson – (*Un peu curieux*) Avez-vous rendez-vous avec lui?

Lamine – Oui Monsieur. Nous nous sommes parlé hier et c'est lui qui nous a donné rendez-vous. On lui a téléphoné, il y a dix minutes et il nous a dit de venir car il est au bureau.

Bobson – Asseyez-vous messieurs, j'arrive (*Bobson va informer Alpha et ce dernier dit à Bobson de les faire rentrer dans son bureau. A son retour, il dit aux hommes*) Suivez-moi chez Monsieur Diallo (*ils le suivent et arrivé devant son bureau, il ouvre la porte et les deux messieurs rentrent*).

Lamine – Bonjour Monsieur Diallo.

Ibrahim – Bonjour Monsieur Diallo. Je m'appelle Ibrahim et mon ami s'appelle Lamine.

Alpha – Bonjour messieurs. Prenez place! (*Lamine et Ibrahim s'asseyent. Quand ils sont confortablement assis, il reprend la conversation*) Oui messieurs, que désirez-vous?

Ibrahim – C'est moi qui vous ai parlé au téléphone hier à propos du visa Schengen. Je vous présente mon ami Lamine. Lui aussi veut la même chose C'est pour cette raison que nous sommes là.

Alpha – (*souriant*) il n'y a pas de problème pour cette affaire-là mais je dois vous poser quelques questions? Premièrement, quel pays aimeriez-vous aller?

Ibrahim – N'importe quel pays Monsieur. Nous sommes vraiment fatigues de rester chômeurs en Afrique et nous cherchons une route de sortir de ce pays. Comme vous êtes le doyen dans cette affaire, vous pouvez nous conseiller.

Alpha – Comme c'est à moi de choisir, je vous propose soit les Pays Bas soit la France. Qu'en pensez-vous? Ces deux pays sont très accueillants et vous n'aurez pas trop de problèmes. C'est ce que je vous conseille.

Ibrahim – (*il chuchote à Lamine et quand ils se sont mis d'accord, il répond*) La France nous plait monsieur.

Alpha – Le choix est génial. Une autre question ; avez-vous des connaissances en France?

Lamine – Non monsieur.

Alpha – Alors vous voudriez que je vous trouve quelqu'un qui va s'occuper de vous jusqu'à ce que vous soyez bien installés?

Ibrahim – Ca sera une très bonne idée monsieur. Nous savons que vous êtes le doyen et peu importe ce vous proposez nous accepterons.

Alpha – (*Il fait le calcul et puis leur dit le montant*) voudriez-vous habiter à Paris ou en banlieue ?

Ibrahim – Choisissez-nous la meilleure option Monsieur Diallo.

Alpha – Je pense que la vie à Amiens serait moins chère pour vous. Amiens se trouve au nord de la France et quand vous arriverez à Paris, vous prendrez un train qui va directement à Amiens. Il y a beaucoup d'africains dans cette ville tranquille (*pause*) Alors vous allez payer 3.600 Euros chacun. Cette somme couvre les frais du visa, le billet d'avion et le logement pendant trois mois. Etes-vous d'accord?

Ibrahim – Ca va pour moi mais je ne sais pas ce que mon ami va dire (il tourne vers Lamine)

Lamine – Ce n'est pas mal mais je dois y réfléchir et je vous informerai très bientôt.

Alpha – Comme vous voulez monsieur (pause et puis il tourne vers Ibrahim et pose la même question) et vous monsieur? Vous êtes prêt?

Ibrahim – Je suis absolument prêt. Je peux déposer mon passeport et un versement partiel et à mon retour, je verserai le reste.

Alpha – On n'accepte pas la moitie. Soit vous payez le tout, soit vous ne payez rien. Vous savez que nous devons envoyer le fax et faire d'autres choses avant votre départ. Si l'argent n'est pas au complet, le processus sera retardé et vous allez me reprocher d'être inefficace.

Ibrahim – Loin de là monsieur! J'ai confiance en vous c'est pour cela que nous sommes venus ici. Sinon, on aurait cherché le visa à l'Ambassade de France.

Alpha – (*Souriant*) Alors si vous me donnez les trois quart de l'argent; deux mille sept cent Euros je commencerai le travail et dans trois jours, ton visa et les autres documents seront prêts. En venant recevoir ton colis, tu me donneras le reste. Ça te va ?

Ibrahim – Ca me va très bien. Je suis content (*Il sort son passeport et l'argent qu'il avait demandé à sa mère Il donne tout à monsieur Alpha Diallo*) Comptez l'argent monsieur car comme on dit la confiance n'exclut pas le contrôle, il faut que vous vérifiiez la somme.

Alpha (*Il reçoit l'argent en souriant. Après l'avoir compté il reprend la discussion*) Exactement mon frère. Vous êtes très intelligent et il me semble que vous avez fait l'université.

Lamine – Bien entendu Monsieur, nous sommes tous les deux diplômés de l'université mais depuis notre sortie il y a cinq ans, nous n'avons pas trouvé de travail. On est vraiment désespérés et cherchons une solution au problème.

Alpha – C'est très triste mes chers amis mais dans une semaine vos problèmes seront résolus pourvu qu'Ibrahim complète son paiement et toi Lamine, tu verses le tien vite. Quand tout est déposé, vous réaliserez que je suis un homme de parole.

Lamine – (*Bien qu'un peu incertain il essaie de rassurer Alpha*) Ne vous inquiétez pas monsieur! Je viendrai (Alpha donne un reçu à Ibrahim et quand il l'a lu, les deux amis disent au revoir.
(*Alpha les accompagne jusqu'à la sortie. Quand les deux hommes sont partis, il revient vers Bobson et lui parle*)

Alpha – (*Souriant*) Bobson, je t'ai dit que cette année, nous allons faire beaucoup d'argent. Les deux hommes qui viennent des sortir veulent le visa Schengen et je leur ai demandé 3.600 Euros chacun. L'un a payé deux mille sept cent Euros et il reste neuf cent. L'autre m'a dit qu'il reviendrait demain pour faire comme son ami. Tu vois comment intelligence nous aide? Je te dis que la situation économique du pays force les gens, surtout les jeunes de partir à la recherche d'une meilleure vie ailleurs. Comme les ambassades deviennent de plus en plus strictes, nous allons les aider avec des faux visas. A chacun, son prix.

Bobson – Evidemment patron. C'est pour cette raison que je dis que vous êtes le meilleur patron du monde car votre intelligence dépasse l'entendement. En plus, vous nous encouragez bien et on est satisfait de notre travail. Merci et que le ciel vous aide à être prospère !

Alpha – (*Il constate qu'il ne voit pas Mabinty et Saffie et demande à Bobson*) Où sont Mabinty et Saffie?

Bobson – Elles sont sorties monsieur. Mabinty a dit qu'elle partait chez sa couturière alors que Saffie est allée au marché

Alpha – Et nous nous allons sortir. Accompagne-moi au restaurant et nous allons manger quelque chose. Je suis content de cette marche mais j'ai très faim.

Bobson – Pas de problème monsieur. Allons! (*les deux sortent*).

SCENE 3

(Le lendemain matin. Lamine est chez lui quand il entend la sonnerie de sa porte. Quand il ouvre la porte il voit son ami Ibrahim. Ce dernier était très fâché et a commencé à l'insulter).

Ibrahim – *(Très fâché)* Mon gars tu es con ou quoi ?.

Lamine – *(Etonné)* Pourquoi tu m'insultes? Qu'est-ce que je t'ai fait ?

Ibrahim – Tu ne le sais pas? Pourquoi n'as-tu pas accepté ce que le monsieur nous a dit hier concernant le visa? Tu as réagis comme un fou. Après avoir chômé pendant cinq ans, on a une opportunité de sortir du pays et tu as fait comme si tu es né hier. On t'a truqué ? Si oui, il faut aller prier à l'église pour ta libération. Je vois maintenant que tu es destiné à souffrir. Voilà quelqu'un qui veut nous aider et tu as gâté ta chance en refusant d'accepter ce qu'il nous propose.

Lamine – *(Très calme)* Ibrahim, calme-toi et ne dis pas ça ! Tu es aussi bien éduqué que moi. Il fallait me demander pourquoi je n'ai pas donné l'argent au lieu de m'accuser. Viens t'asseoir! *(Ils vont s'asseoir sur le canapé dans le salon)* Ibrahim, le monde est devenu très corrompu. Les gens font ceci et cela juste pour avoir de l'argent. Je ne suis pas convaincu que ces gens-là savent ce qu'ils font.

Ibrahim – *(Il veut s'énerver encore)* Tu as tort de dire cela. Ce sont des gens bien connus. Tu n'as pas remarqué qu'ils ont un bureau bien aménagé et pourtant tu as vu la façon dont les travailleurs font leur travail. Ils le font consciencieusement. Oublie ces pensées négatives et décide-toi de donner l'argent pour le visa. Quant à moi, je donnerais le reste le jour où j'aurais mon visa et comme le monsieur a promis, tout serait réglé.

Lamine – Ibrahim, tu as bien dit mais je ne vais pas chez monsieur Diallo. Je préfère aller demander le visa directement à l'Ambassade. En allant là-bas, je suis sûr. S'ils me donnent le visa, Dieu merci. S'ils me refusent, je ne ferais rien et j'accepterais cela comme la volonté de Dieu. La bible dit dans le livre de Proverbes chapitre 3, verset 5 et 6 de se confier entre les mains de Dieu et il aplanira les voies.

Ibrahim – Lamine, parle-moi comme si nous habitons tous sur la planète Terre et que c'est la même bible qui a dit « aide-toi et le ciel t'aidera » Dieu ne va pas descendre du Ciel te dire que l'option chez Monsieur Diallo est la meilleure pour te rendre heureux dans ce monde. Imagine quelqu'un qui va arranger un logement pour toi pendant trois mois à l'étranger en sus de tes frais de visa et billet d'avion. Tout pour un montant de 3.600 Euros. Il faut bénir le Seigneur pour cette bonne occasion.

Lamine – (*Résolu*) Dis ce que tu veux mon ami mais je reste avec ma décision et rien ne va la changer. Aujourd'hui, c'est moi qui ai tort mais plus tard, tu diras que j'avais raison. J'ai une tante qui a été victime de la fraude : elle voulait aller aux Etats Unis et comme vous, une de ses meilleures amies l'avait convaincu d'aller chercher le visa clandestinement. Le monsieur qu'elle avait contacté lui avait dit qu'elle aurait le visa des Etats-Unis dans 48 heures après le versement de 6.000 dollars américains. Enfin, ma tante a eu le visa mais elle ne savait pas le problème qui l'attendait à l'aéroport. Elle avait même dit au revoir à la famille et la nuit avant son départ, il y avait une soirée en son honneur. Beaucoup de gens ont assisté et on lui a souhaité bon voyage car elle avait beaucoup souffert avant de recevoir ledit visa américain. (*Un peu triste*).

Ibrahim – C'est vrai ?

Lamine - Mon frère, je ne te mens pas. Je dis la vérité Malheureusement, son bonheur avait été éphémère parce qu'en arrivant à l'aéroport, on l'avait arrêtée au guichet car elle avait un faux visa. Les policiers qui l'ont saisie étaient déterminés et on lui a mis des menottes. Imagine la honte pour elle surtout devant les autres passagers et membres de sa famille. Après une brève interrogation, on l'avait emprisonnée pendant trois mois et quand on l'a relâchée, on lui avait interdit de voyager. Toutes les autres Ambassades ont été mis au courant et c'était la fin de son rêve et sa carrière.

Ibrahim – (*En riant*) Mon ami, ma situation est différente. Ta tante n'avait pas de chance. Quant à moi, ma mère m'a béni et tout ce que je fais pour avoir le visa aura beaucoup de réussite (pause) Je m'en vais maintenant mais quand j'aurai voyagé, tu dirais qu'Ibrahim avait raison. A ce moment-là, tu en mordras les doigts.

Lamine – D'accord mon frère. Dieu est là pour nous tous. Je te souhaite bonne chance dans tes entreprises. Bientôt, je dois sortir et je vais déposer ma demande de visa à l'Ambassade (*Il accompagne son ami à la porte et plus tard revient*).

SCENE 4

(*Dans la Rue Prince. Une route pas très loin de la maison de Lamine, Patrick rencontre Lamine qui vient d'un culte à son église. Comme c'est la nuit, il n'y a pas assez de gens qui y sont sauf les vendeuses et quelques chauffeurs de taxi. En voyant son ami Lamin était content et ils discutent les actualités du pays et au cours de leur discussion, il parle de son travail et la façon dont Dieu le bénis*).

Patrick – Lamine mon patron. D'où viens-tu?

Lamine – (*En souriant*) Ce n'est pas moi le patron c'est plutôt toi. Tu ne vois pas la façon dont tu t'habilles? Avec une belle cravate et une veste on dirait que tu es un honorable ministre de notre pays.

Patrick – Lamine, cesse de me taquiner. Je ne suis pas encore ministre. Plutôt, je suis ministre de Dieu le Très Puissant qui règne éternellement. Du coup, je viens de l'église et on avait un programme spécial intitulé, « *L'onction du Ciel* »

Lamine – Je suis très content de toi. Qui imaginera que tu serais un Homme de Dieu ? Toi qui étais le plus canaille de notre promotion ? C'est vrai que Dieu est un Dieu de patience.

Patrick – Tu l'a bien dit Lamine. En son temps, il fait ce qu'il juge mieux pour l'être humain. Ce programme dont je parle était plein d'inspiration. On a eu des invites des Etats-Unis et la prédication était vraiment bonne. A propos de mes habits, tu sais qu'on doit se présenter correctement au public. C'est ce que notre directeur nous disait lorsqu'on était à l'école. As-tu oublié ce qu'il disait ? Donc, il faut que je m'habille correctement malgré le chômage.

Lamine – (*Surpris*) Moi-aussi, je viens de l'église. Mon Pasteur revient d'une conférence au Nigeria et d'après ceux qui l'ont accompagné au Nigeria, il avait bien prêché la Parole de Dieu. Son message était basé sur le thème de persévérance et d'honnêteté. Il nous a prêché le même message ce soir ; tout ce qu'il a dit m'a beaucoup touché et je remercie le Dieu Tout Puissant de sa vie.

Patrick – Amen mon frère. C'est le moment de bien s'accrocher à Dieu car le monde est plein de maux. Si ce n'est pas la tuerie, c'est le viol ou la tricherie ou la fraude. Que Dieu nous en garde de tous ces maux!

Lamine – Amen (*Il reprend la discussion*) Quant au chômage, je ne m'en soucie pas trop maintenant. Auparavant, je m'inquiétais trop et il y avait même des jours où je ne mangeais pas mais je n'ai plus ce souci maintenant. La bible m'a dit qu'au moment voulu, Dieu agira. C'est Dieu seul qui sait pourquoi je n'ai pas encore trouvé un travail. J'ai beaucoup fait à ce propos mais rien n'a marché jusqu'ici. Maintenant, je me confie entre ses mains, je sais qu'il va bientôt mes vœux seront exaucés.

Patrick - Oui mon ami. C'est la meilleure des choses a faire. Je te le jure.

Lamine – C'est ma solution maintenant

Patrick – Tu l'as bien dit. Moi aussi, Je me souciais trop. A un moment donné, J'ai failli me suicider car je me considérais comme un échec dans la vie. Imagine la situation! Un diplômé de l'université qui n'a pas de travail. Un jour j'étais dans ma chambre quand le téléphone a sonné. A ma grande surprise, c'était une femme qui s'est identifiée comme missionnaire et ensuite, elle m'a invité à une croisade qu'elle organisait (pause) jusqu' à présent, je ne sais pas comment elle a eu mon numéro de téléphone. Donc, je suis allé á la croisade et c'était comme si quelqu'un lui avait parlé de ma situation car je me suis retrouvé dans la prédication. Après la croisade, elle a invité les nouveaux convertis à assister au culte à l'église Saint Feu de Dieu. Depuis lors, je suis devenu membre.

Lamine – (*Surpris mais quand même content du fait que Dieu a agi dans la vie de son ami*) C'est comme cela Dieu agit dans la vie des gens. Qui dirait que Patrick qui était très canaille à l'université serait un grand évangéliste de Dieu. C'est pour cette raison, il ne faut pas sous-estimer les gens. Rien n'est permanent dans cette vie.

Patrick – Exactement. Mon frère, après cette conversion spirituelle, Dieu a agi à ma faveur ; J'ai eu un travail à la banque et je le remercie de sa grâce chaque jour. (*Une pause*) Et comment vont tes affaires?

Lamine – (*Content*) Par la grâce de Dieu, ça va. Il y a trois jours, j'ai déposé mon dossier pour un visa

Schengen à l'Ambassade de France et on m'a dit d'y retourner trois jours plus tard pour récupérer le passeport.

Patrick – (*Choqué*) où as-tu déposé ton passeport?

Lamine – A l'Ambassade de France, Patrick. Je ne mens pas.

Patrick – (*Souriant*) Je t'ai demandé parce que je voulais te dire que tu as de la chance mon frère.

Lamine – Evangéliste, qu'est-ce que tu fais ? Une révélation, bénédiction ou quoi? Est-ce qu'on t'a déjà dit le résultat ? Ai-je eu le visa?

Patrick – Ce n'est pas ça mon ami. J'ai dit que tu as de la chance car tu n'as pas déposé ton dossier chez un homme qu'on appelle Alpha Diallo. C'est un faux type qui essaie de détourner l'argent des gens en leur disant qu'il leur donnerait le visa. Il a beaucoup menti aux en leur donnant des faux visas. Il y a un mois, il a donné un visa à un homme qui voulait aller en Allemagne. Le bonhomme avait franchi l'immigration ici mais le malheur lui est arrivé quand ils sont arrivés à l'aéroport de Frankfurt.

Lamine - C'est Vrai ?

Patrick – Mon ami, je ne mens pas. Comme je disais, à l'aéroport de Frankfurt, on faisant les formalités à l'immigration Allemande, quand on a constaté que son visa était faux. Sans rien dire, on lui a dit d'attendre pendant qu'ils vérifiaient le visa. Apres trois heures, on l'a rapatrié

Lamine - Oh Mon Dieu. C'est triste

Patrick – Vraiment mon frère. C'était une histoire honteuse car le lendemain matin, il est retourné au pays et le choc a eu un grand impact sur lui. Il est devenu fou et il se couche n' importe où pendant la nuit. Heureusement, ses parents ont appris les prières efficaces de notre église. . Ils l'ont amené à l'église et on a fait la prière de délivrance. Maintenant, il est guéri et il a dit de plus vouloir voyager. D'après lui, il allait faire son mieux d'être un homme prospère ici.

Lamine – (*Il écoute attentivement en réfléchissant*) C'est le monsieur qui est propriétaire d'une Enterprise appelée *DIALLOCOM – Mon Dieu Pourvoira à Tous Vos Besoins* dont tu parles?

Patrick – (*Avec certitude*) Exactement c'est lui dont je parle. C'est un grand tricheur. Ses activités sont louches et il n'hésite pas à détourner l'argent des gens. On m'a dit qu'avant-hier, le gouvernement l'a arrêté et on l'a envoyé en prison.

Lamine – (*Stupéfait*) C'est vrai?

Patrick – Je ne te mens pas mon ami (*pause*) Tu n'as pas encore lu les journaux d'aujourd'hui? C'est son histoire qui est à la une de la plupart des journaux.

Lamine – (*Il lève les mains vers les cieux et dit*) Dieu je te remercie car je ne suis pas victime de la fraude d'Alpha (*Puis il tourne vers Patrick et lui parle*) Tu vois mon ami, j'ai presque cédé à la proposition de mon ami Ibrahim; je sais bien que tu l'as sûrement connu à l'université. **Patrick** – Oui je le connais très bien. C'est le très grand assez foncé au nez très grand?

Lamine- C'est bien lui. (Une pause) Je suis désolé qu'il soit victime malgré ce que je lui ai dit de ne pas accepter la proposition de Monsieur Diallo.

Patrick - je suis désolé et je prie que le Bon Dieu le sauve

Lamine – Amen. (*Raconte l'histoire du visa a Patrick*) Mon cher frère, comme on était fatigué de rester chômeurs dans ce pays, Ibrahim m'a dit qu'il connaissait quelqu'un qui allait nous aider à partir en Europe. Il a pris le contact de ce monsieur et m'a convaincu d'aller le voir à propos du voyage. On est allé le voir et il nous a rassuré de nous donner un billet d'avion, le logement pendant trois mois en France et le visa et que nous devions lui donner 3.600 Euros chacun. A vrai dire, je n'étais pas convaincu. Donc, j'ai refusé de donner ladite somme. Ibrahim, qui était pressé, a donné, une grande partie et le lendemain, il est allé compléter le paiement.

Patrick – C'est Dieu qui t'a sauvé car tu es un chrétien fervent. L'argent d'Ibrahim est perdu maintenant parce que non seulement Alpha, mais aussi ses travailleurs sont en prison et où est-ce qu'il va chercher Alpha pour que ce dernier lui rende son argent?

Lamine – la vie est très corrompue. Il y a des tricheurs partout. Que Dieu nous en garde!

Patrick – Amen (*Pause et il reprend après*) Lamine, je dois te quitter maintenant. On va se revoir plus tard. Je te souhaite bonne chance dans tes entreprises et je te conseille de rester fidèle à Dieu si tu veux que les choses marchent bien.

Lamine – Merci mon chef et pasteur et à bientôt.

SCENE 5

(*Le lendemain, Lamine vient de recevoir son passeport un visa de six ans. Il est plein de joie et chantait en quittant l'Ambassade. Dès qu'il sort de l'Ambassade, il voit Cecilia, copine d'Ibrahim, qui marche. Elle était très triste et pourtant, elle portait une corbeille dans sa main. En plus, sa robe blanche était salie et elle ne savait même pas que la robe était tâchée. Elle appelle Lamine et ils parlent*)

Lamine – (*Il sort avec cet air de satisfaction et en même temps, il est en train de remercier le Dieu Tout Puissant en chantant et après, il se parle*) Enfin j'ai eu le visa. Je suis vraiment content de ce visa. Dieu est très merveilleux et fidèle à ses enfants. Il est là à éprouver la patience et engagement des gens envers lui. Au lieu de me donner un visa de trois mois, le consul m'a donné un de six ans. Quel miracle! C'est le grand Dieu miséricordieux qui a œuvré cela. Que son nom soit loué. Si la plupart des gens exerçaient la patience, ils n'auront pas assez de difficultés dans la vie. Ibrahim qui n'a pas cette patience est allé chercher l'aide humaine. C'est pour cela il est allé chez Alpha qui est faux et il ne sait même pas sil Alpha pourrait le rembourser.

Cecilia – (*Elle l'appelle de l'autre coté*) Lamine, quoi de neuf. Je te vois sortir de l'Ambassade de France et que tu es très content. Qu'est-ce qui s'est passé?

Lamine – (*Toujours content*) Ma sœur, je dois être content ou plutôt, comblé de joie. C'est le Dieu de miracle qui a une fois encore agi dans ma vie. J'ai demandé un visa de trois mois et le consul m'a donné un de six ans. Ce n'est pas la bonté de Dieu?

Cecilia – (*Surprise*) Quoi? Tu es au sérieux ou pas? Un visa de six ans ; c'est vraiment un miracle surtout en ce moment où ils refusent à donner le visa français aux gens.

Lamine – (Il *sort le passeport qui contient le visa*) *Regarde-le madame)*. Je ne blague pas lors ce qu'il y a une merveille de Dieu. Mon Dieu est un Dieu de miracles *(il commence à chanter le chant mon Dieu est bon)*.

Cecilia – (*Avec le regret*) Oh mon Dieu! Lamine tu ne sais pas que mon copain Ibrahim a été arrêté avant-hier?

Lamine – *(Surprise)* Arrêté? Où ? Qui l'a arrêté ? Qu'a–t-il fait? Tu me surprends avec tes paroles. Mon Dieu !

Cecilia – On l'a arrêté à cause de la fraude. Tu sais qu'il avait déposé son passeport chez Monsieur Alpha Diallo pour le visa Schengen.

Lamine – Oui. On y est allé ensemble mais je n'étais pas convaincu des activités du monsieur.

Cecilia – Et tu sais que Monsieur Alpha Diallo et ses travailleurs ont été arrêtés le même jour où on a arrêté Ibrahim. Mais tu seras étonné de savoir qu'Ibrahim a été arrête. Après l'incarcération d'Alpha, les policiers sont allés à son bureau pour fouiller les documents. Parmi ceux qu'ils ont trouvés, il y avait le passeport d'Ibrahim. Peu après, ils ont arrêté tous ces gens-là pour les aider avec une enquête qu'ils mènent à présent. On était ensemble avant-hier quand il a reçu un coup de fil et on lui disait qu'il devrait aller voir le chef de la Police au restaurant Sénégalais parce que le chef de Police avait un message pour lui. Dès qu'il est arrivé, on l'a arrêté et menotté. Plus tard, on l'avait envoyé en détention et on m'a dit de rentrer chez moi.

Lamine – Cela aussi n'est pas une nouvelle pour moi. Patrick qui est un ami m'a tout dit. Mais la grande question est quand est-ce qu'on va les relâcher ? C'est un grand problème pour eux parce que les autorités de la police ont dit qu'ils allaient faire l'enquête jusqu'au bout et dans ce cas, d'autres gens seront arrêtés.

Cecilia –Je suis perturbée également.

Lamine – (*Triste*) Ce que tu viens de me raconter est incroyable et je suis concerné car ce qui s'est passé avec Ibrahim (que ce soit bien ou mal) me touche aussi. Nous avons été de meilleurs amis depuis la maternelle jusqu'à l'université et son problème me préoccupe aussi. (Pause) Qu'est-ce que tu vas faire maintenant?

Cecilia – Rien du tout. On attend la décision de la police. Mais quelqu'un qui y travaille m'a dit qu'il serait libéré bientôt. J'y vais lui donner son repas car pendant la journée d'hier on avait interdit aux gens d'apporter les repas et je pense qu'il doit avoir très faim (Pause)

Lamine, tu vois comment est-ce que les gens sont faux dans notre société? J'en ai marre de tout ce qu'ils font. C'est la même chose qui s'est passé avec la tante d'une amie : sa tante avait donné une forte somme d'argent pour avoir un visa australien. En fin du compte, elle n'a reçu ni le visa ni son passeport et celui qui a été lien a disparu. La dame a eu une crise cardiaque et elle est morte subitement. Nous avons beaucoup pleuré le jour de son enterrement car elle était le pilier financier et moral de sa famille.

Lamine – C'est très triste. Comme je n'étais pas convaincu de Monsieur Diallo, j'ai dit à ton copain de ne pas entreprendre l'activité de visa avec lui. Il était très têtu et il a commencé à m'insulter. Voici ce qui se passe maintenant ; il se trouve dans cette situation. En tout cas, comme je vais à l'église ce soir, je ferai une prière pour lui, Dieu va nous aider à trouver la solution à son problème.

Cecilia - Amen mon frère. (*Une pause*) Je ne voudrais pas me retarder comme ils ont des heures de visite à la détention policière. On se reverra plus tard.

Lamine – Pas de problème ma chère amie. Salue-le de ma part et dis-lui que je le tiens à cœur. A bientôt.
(*Ils se séparent*)

SCENE 6

(Le jour du départ de Lamine. Dans la maison de Lamine, il sort de sa chambre avec sa valise et son sac à main. Il est prêt a voyager mais il a demande à sa mère de faire une prière. Après qu'on ait offert une prière, il commence à pleurer car il ne voulait pas quitter sa mère[1]. La maman essaie de le consoler et après avoir cessé de pleurer, il sort de la maison pour aller dans la voiture d'un autre ami de l'église qui était garée dehors. Dès qu'il sort, il voit son ami Ibrahim qu'on venait de relâcher de détention. En voyant son ami Lamine avec une grosse valise et en sac a main, Ibrahim lui demande où il allait et Lamine lui dit qu'il voyage en France. Ibrahim commence à pleurer mais son ami lui dit de prendre courage).

Fanta – *(Elle porte un pagne coloré et elle a un air très triste parce que son fils la quitte. Elle pleure également mais essaie de supprimer cette émotion)* Mon fils, le temps file comme des flèches. C'est aujourd'hui ton départ et je suis très contente d'une part et triste d'une autre.

Lamine – *(Curieux)* Maman, tu me surprends par ta parole. Pourquoi n'es-tu pas contente de mon départ? Tu savais bien comment j'ai souffert et à maintes reprises, tu me disais de patienter. Maintenant, le Bon Dieu a exaucé mon vœux tu dis que tu n'es pas contente.

Fanta – *(Surprise)* Loin de là mon fils! Tu ne me comprends pas très bien. Le fait de dire que je suis triste ne veut pas dire que je ne veux pas ton succès. Plutôt, je l'ai dit car tu seras très loin de moi. Je serais la seule personne à la maison et pendant les moments très difficiles, à qui je dois parler? On est devenu de bons amis depuis la mort de ton père mais quand tu seras en France, je ne te verrai pas physiquement sauf la conversation téléphonique. Donc, je commence à sentir ton absence.

Lamine – (*Un peu touché*) Maman, le Seigneur Jésus serait avec toi. N'es-tu pas croyante? La bible a dit que le Seigneur Jésus serait avec nous dans toutes les situations si nous nous confions à lui. C'est lui seul qui prendra soin de toi. Comme le livre de Psaumes a dit dans le chapitre un versets 1 et 2, Dieu agira selon sa parole. Je suis sûr de la promesse de Dieu.

Fanta – (*Rassurée par la parole de son fils*) D'accord. Que le Bon Dieu aplanisse tes voies! Qu'il fasse en sorte que tu prospères et qu'il te donne ton désir fervent! Qu'il te protégé jour et nuit et que personne ne te fasse du mal!

Lamine – Amen maman (*Il commence à pleurer mais sa mère le console*)

Fanta – (*Egalement touchée*) Ne pleure pas mon fils sinon, tu vas me faire pleurer. On s'attendait à ce jour et si c'est la seule option pour que tu réussisses dans la vie, ainsi soit-il. Dieu est avec toi (*Elle l'accompagne jusqu' à la sortie de la maison et ils se disent au revoir. Dès que Lamine sort de la clôture de leur maison, il voit Ibrahim qui marchait le long de la rue*)

Ibrahim (*Un peu triste*) je viens chez toi et tu sors? Où vas-tu mon cher ami? Tu es bien habillé aujourd'hui. Est-ce que tu as une autre réunion à l'église?

Lamine – Mon ami, je ne vais pas à l'église. Plutôt, je voyage.

Ibrahim – (*Choqué*) voyage? Où as-tu eu le visa?

Lamine – Ta copine ne t'a pas dit que j'ai eu le visa? Je t'avais dit que j'allais déposer mon passeport à l'Ambassade de France pour le visa le jour où tu es venu me convaincre de réfléchir sur le plan d'Alpha Diallo. Heureusement, on m'a donné un visa de six ans. Par la grâce de Dieu, un membre de notre église m'a acheté le billet d'avion et un autre a contacté son neveu qui habite à Paris pour m'héberger jusqu' à ce que je trouve un travail. Je suis vraiment content de Dieu et la façon dont il m'a béni.

Ibrahim (*Avec une grande honte il pleure*) Lamine, j'ai été bête. Si je savais, je n'allais pas me trouver dans cette merde. Tu sais qu'on m'a mis en détention? Et la pire des choses c'est que tous nos noms ont été envoyés á toutes les Ambassades en leur disant de jamais nous accorder le visa d'aller n'importe où dans le monde. Mon rêve est maintenant brisé par un seul homme à qui j'ai fait confiance.

Lamine – (*Il essaie de consoler son ami*) Il faut avoir la foi en Dieu. Tu peux recommencer et Dieu peut même te bénir dans ce pays. Ce que je te conseille est de t'accrocher à lui. Il va faire des miracles pour toi. C'est un Dieu de miracles Une chose que je te promets est que je ne t'oublierai jamais. Tu as été mon ami, tu es mon ami et tu le seras jusqu'à la mort. Si j'ai de la richesse même aujourd'hui, tu feras partie de la réussite. Je t'embrasse fort et continue à prier pour toi.

Ibrahim – Merci Lamine et que Dieu t'exauce! Comme tu voyages, je ne voudrais plus te retarder. Tu as mon numéro de téléphone il faut garder le contact.

Lamine – Je le ferai (*ils s'embrassent et sortent*)

LA FIN

UN BONHEUR CACHE

UN BONHEUR CACHE

PERSONNAGES
Madame Juliana Williams – Mère de Georges et tante de Thomas
Georges Williams – Fils de Juliana Williams
Thomas Smith – Neveu de Juliana Williams et cousin de Georges
Joseph Taylor – Ami de Thomas
Elaine Jackson – Amie de Thomas
Pastor Enitor Coker – Pasteur de l'Eglise « Enfants de Dieu »
Sia Wongo – Voisine
Abibatou Camara – Voisine
Moussa Korouma – Voisin
Oncle Jacques (*Frère de Juliana et l'oncle de Thomas*)

Scène 1

(*Un Samedi soir. Thomas marche lentement au bord de la route avec un pantalon Jeans un peu sale et un t-shirt brun. Pourtant, il a un air triste. Il chantait doucement un cantique de leur église en marchant vers l'église pour la répétition de la chorale. A cinq mètres de l'église, il voit son amie d'école – Elaine en compagnie de Joseph, un autre ami d'école. Ils commencent une discussion.*).

Elaine (*Très contente de voir son ami*) – Mon cher ami Thomas, comment ca va ?

Thomas (*Egalement content de voir Elaine. Il sourit pour montrer son appréciation*) - Par la Grâce de Dieu le Tout Puissant, je me porte bien ma sœur. Ca va Joseph ?

Joseph (*Content)* – Ca va Thomas. Je crois également que tout va bien avec toi.

Thomas (*Il sourit encore*) Dieu est en contrôle Joseph. Tu sais que rien n'est facile dans cette vie et à cause de cette réalité, on doit se débrouiller à tout moment.

Elaine (*D'accord avec ce que Thomas dit*) – C'est vrai mon ami. C'est pour cette raison que nous devons nous accrocher tout le temps à Dieu car c'est lui qui va aplanira nos voies et nous donnera un avenir attendu. (*Pause)*. Thomas, j'ai remarqué que ca fait une semaine que tu n'es pas assister au cours a l'école ? Y-a-t-il un problème ?

Joseph (*En accord avec Elaine*) – Oui mon frère. Ça fait une semaine que tu n'es pas venu à l'école. Pendant ton absence, nous avons beaucoup fait surtout en mathématiques et en Histoire. D'ailleurs, le professeur de Mathématiques nous a donné un devoir que nous devons rendre le mardi de la semaine prochaine. Quant au professeur d'Histoire, tu sais qu'il est un train à grande vitesse. Il ne retarde pas en donnant les notes et le vendredi passé, on a beaucoup copié lorsqu'il dictait les notes sur l'Esclavage Trans Atlantique.

Elaine – Oui Thomas. C'est vrai (*Pause*) En Biologie, c'est la même chose ; trop de notes à copier. Il faut que tu reprennes tes cours car les examens s'approchent et nous ne voudrions pas que tu échoue.

Thomas (*A ces mots d'Elaine et de Joseph, il devient encore triste*) – Merci beaucoup de vos préoccupations en ce qui concerne mes études mais je sais que vous savez tous mon problème. Tout ne va pas très bien à la maison et c'est à cause de cela je n'ai pas assisté aux cours la semaine passée

Joseph (*Triste*) - Mon frère, nous savons mais on se demande tout le temps pourquoi ta tante te maltraite comme si tu n'es pas le propre fils de son frère ?

Elaine – C'est la même question que je me pose chaque jour : Thomas n'est pas un garçon stupide. Il est intelligent mais à cause des problèmes domestiques, il n'est pas content. (*En tournant vers Thomas*) Mon frère, il faut continuer à espérer. Un beau jour ca ira.

Thomas (*Les larmes coulent de ses yeux*) – Amen mais mes chers amis, vous n'allez pas me croire quand je vous dis que je souffre ?

Elaine et Joseph (*Curieux*) – Dis-nous Thomas. Il se peut qu'on puisse te chercher l'aide.

Thomas (*Pleurant*) - Je suis un vrai esclave à la maison. Ma tante me traie comme un boy plutôt qu'un neveu. Je me réveille à 5h 30 et je ne me couche qu'à 23h 30. Des que je me réveille, je dois faire le ménage et à 7h 30, je dois aller au marché acheter les condiments à faire la cuisine.

Elaine et Joseph (*Ils deviennent triste en apprenant la nouvelle*) – C'est vrai ? Nous ne savions pas.

Thomas - Je ne vous mens pas mes collègues. Dieu est témoin. (*Il continue à raconter son histoire triste*) A mon retour du marché, je dois faire la cuisine car ma tante travaille à un salon de beauté et ne revient qu'à 19h chaque jour. Apres avoir fait la cuisine, je m'apprête à aller à l'école.

Elaine (*Fâchée*) – Ta tante est une diablesse. Elle va récolter sa récompense pour être méchante. Elle n'a pas de cœur mais patiente-toi, Dieu va te sauver

Joseph (*Egalement fâché*) – On dira que ta tante est sorcière qui veut que tu ne deviennes personne dans la vie. Calme-toi et confie-toi entre les mains de Jésus Christ qui est toujours prêt à donner le réconfort aux gens qui lui demandent.

Elaine – (*Triste aussi*) Mon ami Thomas, tout ce que tu dis est triste ? Ce n'est plus la peine de continuer à nous dire parce que ca va ne faire pleurer comme toi.

Joseph – (*Aussi triste*) C'est vrai Thomas. Je comprends maintenant pourquoi tu n'as pas encore payé tes frais de scolarité depuis le début de l'année scolaire.

Thomas - Exactement. Quand je demande l'argent à ma tante, elle me dit d'aller chercher l'argent au cimetière où mes parents demeurent. Elle sait très bien que si mes parents étaient encore vivants, je n'habiterai pas avec elle. Je suis vraiment épuisé et si Dieu me tue maintenant, ca serait la meilleure solution parce que je n'aurais plus à souffrir comme ca.

Elaine – (*Avec confiance et pour donner le courage* à Thomas) Tu ne vas pas mourir. Il faut espérer. Dans cette vie, on doit espérer, jusqu'au jour ou on mourra. Dieu va te trouver une solution. Tant que tu es fidele à lui.

Joseph – (*Toujours calme*) Vraiment Thomas, il ne faut pas que tu te décourages. Reste fidele et un beau jour, la solution t'arrivera (*Les deux amis cherchent de l'argent dans leurs poches et donnent à Thomas*) Nous te donnons cette somme. Garde-la bien et comme Elaine et moi savons déjà ce qui se passe chez toi, on viendra à ton aide de temps en temps.

Thomas – (*Surpris*) Je suis vraiment touché par votre acte de gentillesse. Que Dieu vous bénisse et qu'Il vous donne tous vos désirs de cœur.

Elaine (*Satisfaite de ce qu'ils ont fait*) Pas de problème mon cher ami. On est là à s'entraider. On doit te laisser maintenant car tu vas être en retard pour la répétition de chorale à l'église (*Pause*) Au revoir et on se verra tres bientôt.

Joseph – Au revoir Thomas et que Dieu te protège !

Thomas (*Il serre les mains de Joseph et Elaine*) – Amen.
(*Ils se séparent. Elaine et Joseph marchent vers l'Arrêt de bus qui se trouve à dix mètres alors que Thomas continue à marcher vers l'église pour la répétition de la chorale*).

Scène 2

(Il fait beau temps le Dimanche matin. Chez Madame Juliana Williams elle est à table avec son fils Georges. Ils prennent le petit déjeuner qui consiste de l'omelette, des morceaux de saucisse et du lard. Ils boivent du chocolat et il y a des morceaux de croissants).

Georges *(Content)* - Maman, ma chère maman, mon coucou, mon miel,

Juliana *(Egalement Content)* – Oui mon Prince, qu'est-ce qu'il y a ?

Georges – Je voudrais te dire que tu es la meilleure mère du monde.

Juliana *(Surprise)* – C'est vrai ? Comment ?

Georges *(Avec confiance)* – Maman, tu ne sais pas que c'est toi seule qui me donne la satisfaction à cent pourcent ? Voila ce petit déjeuner ; qui peut me le donner si ce n'est pas toi ?

Juliana *(Contente)* – Hmmmm. Mon Petit Prince, tu es très intéressant. Merci de ce compliment.

Georges – Maman, je te dis la vérité. Tu es super. Tu es prête chaque à répondre à mes besoins même au moment où je ne m'attendais à ton aide. Je prie le Bon Dieu de te garder.

Juliana – Je te remercie encore mon fils mais écoute, si je ne fais pas pour toi, qui donc doit le faire ?

Georges – (*Avec confiance*) - Personne

Juliana – Je pense que tu veux que je donne toutes mes ressources à Thomas.

Georges – Loin de la maman !

Juliana (*A basse voix*) Tu sais que je n'aime pas Thomas malgré le fait qu'il soit mon neveu. Il fait comme si c'est lui qui est patron de cette maison. Hier, il a dit qu'il allait à la répétition de la chorale à l'église et il n'est pas retourné tôt. Il oublie que c'est une faveur je fais et pas une obligation de le garder chez moi.

Georges - C'est vrai maman. Parfois, il ne veut même pas laver mes vêtements sales quand je les lui donne. Il me dit que c'est moi qui suis plus jeune que lui et que je n'ai pas le droit de lui ordonner de laver mes vêtements.

Juliana (***Fâchée***) Et tu ne m'as jamais dit ? Toi aussi mon fils, tu n'as pas été gentil (*Pause*) Si tu me l'avais dit, j'aurais renvoyé Thomas de cette maison (*Elle se tait et après quelques secondes, elle reprend la conversation*) Il ne faut pas cacher les actes d'insolence de Thomas.

Georges (*En hochant sa tête*) – D'accord maman (Pause) maman, nous devons manger vite sinon, on ne pourrait pas avoir une bonne place à l'église.

Juliana - C'est vrai. Tu es très intelligent et je prie Dieu de te donner la sagesse quotidienne pour résoudre les problèmes (*Des qu'elle finit de parler, Thomas vient du derrière et il salue sa tante*)

Thomas – Bonjour tante Juliana

Juliana (*Avec un air orgueilleux*) Bonjour mon pieds. D'où viens- tu ?

Thomas – Tante, vous savez que je cherchais de l'eau pour qu'on utilise à la maison car les robinets sont fermés depuis deux jours.

Juliana – Oui je sais mais au lieu de te réveiller tôt, tu t'es réveillé au moment où il y a du monde et par conséquent, tu n'as pas été ici pour préparer le petit déjeuner pour Georges et moi.

Thomas – Tante, j'étais à la répétition de la chorale hier et quand je suis rentré, je devais laver les vêtements que vous m'aviez donnés à laver avant d'aller à l'église. Après avoir fait le linge, Je me suis couché tard.

Juliana (*Toujours fâchée*) Je ne cherche pas les détails de ton retard. Si tu continues, je te giflerai (*Elle se lève pour aller le gifler mais Thomas s'évade. Toujours fâchée, Tante Juliana reprend la parole*) viens nettoyer la table et après, il faut faire la cuisine.

Thomas – *(Triste)* – Mais tante Juliana, vous savez que je suis membre de la chorale et on doit être à l'église avant le commencement du culte.

Juliana – J'ai donné mon ordre et je voudrais que cela soit exécuté ; un point, un tiret.

Thomas – Tante Juliana, où se trouve mon petit déjeuner ?

Juliana (*Elle rit trop fort*) – Ha ! ha ! ha ! Petit déjeuner ? Il faut aller au cimetière demander à tes parents ? Qui es-tu ? Le Prince de Bel Air ? Tu te trompes mon cher. On a tout mangé et je m'en fiche de ton petit déjeuner (*En disant ces mots, elle quitte la salle. Son fils Georges la suit*).
Thomas (*Resté seul, il commence à pleurer en levant ses mains vers le ciel*) - Mon Dieu, tu vois comment ma tante me maltraite. Sauve-moi de cette situation terrible. (*Il sort parce qu'il devait aller chercher quelque chose à manger avec l'argent que ses amis lui ont donné*)

Scène 3

(Une semaine après. Un beau mercredi matin. Juliana est en train de se préparer pour aller au travail. Son fils Georges vient de prendre son sac pour aller à l'école et Thomas vient de finir de faire la vaisselle qui fait partie de sa tranche du jour. Juliana interroge Thomas des qu'elle le voit dans le salon).

Juliana *(En parlant à Georges, elle était très calme mais des que Georges sort, elle change le ton de sa voix et elle parle à haute voix)* – Georges, vient me donner le bisou quotidien car tu risques d'être en retard. Il est 7 heures trente *(Georges vient embrasser sa mère et il sort. Dix secondes après, Juliana aperçoit Thomas et elle se fâche)* Et toi monsieur le patron de la maison ? Tu ne vas pas à l'école aujourd'hui ?

Thomas – Si tante Juliana mais jusce qu'à présent, je n'ai pas fini le ménage. Il reste à rincer les habits et après, je dois me laver. Je sais bien qu'il y a trop de travail à la maison et cela m'empêche de finir à temps.

Juliana *(Toujours fâchée)* – Et qu'est-ce que cela veut-dire ?

Thomas *(Avec humilité)* – Je voudrais demander que vous partagiez les travaux domestiques entre Georges et moi pour que nous pussions finir à temps.

Juliana *(Elle devient très fâchée)* – Qu'as-tu dit ? De partager les travaux domestiques entre toi et Georges ? Aaaaaa. Je pense que tu es fou. Imagine-toi qui veux me dicter les règles de la maison. Euh. Toi qui es un ingrat. Un vaurien. Depuis que tu es venu chez moi, combien de fois as-tu donné l'argent à moi pour l'entretien de la maison.

Thomas - Tante Juliana, ce n'est pas une révolte. C'est juste une doléance et je sais bien que c'est vous qui faites tout dans la maison (*Très abattu*) Pardonnez-moi si vous est fâchée.

Juliana – Je dois me fâcher car tu ne veux plus suivre mes ordres ici. Je sais que tes amis t'ont influencé de me parler n'importe comment mais sache que c'est moi qui suis maitresse de cette maison. Deuxièmement, ne te compare jamais à Georges ! Vous n'êtes jamais sur le même pied d'égalité.

Thomas – Mais tante, Georges n'est pas mon cousin ? Je pense qu'en tant qu'un cousin plus jeune, il doit m'aider à faire le ménage pour que tout aille bien à la maison.

Juliana – (*Ferme en parlant*) – Si, il est ton cousin mais sur les autres plans, tu ne peux pas te comparer à Georges : à l'école, il est toujours premier et toi, tu luttes avec tes collègues stupides pour la dernière place en classe. Georges porte de bons habits alors que toi, chaque fois que tu sors de la maison, on dirait que c'est un mendiant qui passe. Je donne une bonne nourriture à Georges et pour toi, si les voisins ne te donnent pas à manger, d'où cherches-tu à manger ? Donc, ne te compare jamais à Georges. A partir de ce jour, tu ne dormiras plus dans la chambre ici dans la maison. Tu dois aménager celle qui est dehors et celle-là sera ton domicile jusqu'à ta mort.

Tes parents devraient mettre tout sur place pour toi avant leur mort. Ce n'est pas moi qui dois te donner le réconfort ici. Si tu ne veux pas, tu seras libre de quitter la maison et chercher ta consolation ailleurs *(Pause)* Tu comprends ?

Thomas – D'accord tante Juliana. Je ferai comme vous avez dit

Juliana – Imbécile. Sors d'ici *(Thomas sort du salon. Juliana rentre dans sa chambre et cherche son sac. Elle sort pour aller au travail mais avant de sortir, elle vérifie si la porte de sa chambre est bien fermée ainsi que celle de Georges. Quand Thomas sort de la maison, il a vu Moussa Camara son voisin et en voyant Thomas attristé, il demande la cause de sa tristesse).*

Moussa – Thomas mon jeune ami, qu'est-ce qui ne va pas ? Tu as un air mecontent.

Thomas – Oncle Moussa, je suis abattu. Ma tante me maltraite. Je travaille trop à la maison et je n'ai même pas assez de temps pour faire mes devoirs d'école.

Moussa – *(Surpris)* – C'est vrai ? Je suis vraiment surpris. On dirait que Juliana est une sainte car elle a un air très sympathique. Le monde est plein de gens dangereux.

Thomas – Oncle Moussa, vous ne pouvez pas me croire. Tante Juliana n'a pas encore payé mon frais de scolarité et si je ne le paie pas, je serais licencié. Cela me préoccupe et je ne sais pas où chercher l'argent.

Moussa – Oh Mon Dieu ! (*Pause et puis, il réfléchit avant de reprendre la parole*) Thomas, calme-toi ! Je vais t'aider. Va finir ton travail et après les cours à l'école, je te donnerai ton frais de scolarité. Ca va ?

Thomas (*Content et plein d'appréciation. Il s'agenouille pour exprimer son humilité*) Tonton Moussa, je suis vraiment ravi. Ce que vous venez de dire m'a donné beaucoup d'espoir de vivre. Que Dieu vous bénisse infiniment et je ne t'oublierai jamais dans la vie. Que Dieu vous bénisse au travail et qu'il vous donne la longévité.

Moussa - Remercie le Bon Dieu ! (*Il se tait et après un moment, il reprend la parole*) On m'a dit que très souvent, ta tante refuse à te donner la nourriture ?
Thomas – Oui tonton.

Moussa (*Souriant*) – A partir d'aujourd'hui, tu as quelque chose à manger chez moi. Des que tu reviens de l'école, il faut venir manger avant d'aller chez toi. Tu comprends ?

Thomas (*Souriant*) – Merci tonton (*Des qu'ils finissent la conversation, Moussa rentre chez lui alors que Thomas continue à nettoyer la nouvelle chambre que sa tante avait proposée.*)

Scène 4

(Chez Juliana. Trois semaines après. Elle vient de rentrer à la maison après une journée de travail. Elle rencontre son enfant George en train d'écouter la musique. Elle est fâchée en voyant cet acte mais elle fait comme si elle est d'accord)

Juliana – *(Elle frappe à la porte)* Allo, y –a-t-il quelqu'un ici

Georges – Je suis là ma chère maman *(Il va vers la porte et l'ouvre. Des qu'il voit sa mère, il l'embrasse)* Maman, comment ca va ? Et le travail ?

Juliana – *(Contente)* - Je vais bien mon fils. *(Elle regarde l'appareil de musique et elle fait une remarque)* C'est ton anniversaire aujourd'hui ? Parce que la musique est insupportable.

Georges – *(Souriant)* Maman, tu fais comme si tu ne sais pas mon anniversaire de naissance. Je suis content aujourd'hui car on nous a donné les notes d'une évaluation faite en Chimie et j'ai eu une bonne note.

Juliana *(Contente)* Viens m'embrasser encore. Je suis satisfaite du fait que tu puisses avoir une bonne note en Chimie *(Apres un moment elle continue)* Et ton cousin Thomas, qu'est-ce qui se passe avec lui ? A-t-il réussi ?

Georges – *(Un peu triste)* Oui maman. C'est lui qui a eu la meilleure note. Je pense qu'il a triché pour avoir cette note-là. Il n'est pas intelligent que moi.

Juliana – (*Un peu triste d'entendre la nouvelle*) Tu as bien dit mon fils. Je me demande comment il l'a fait mais on saura un jour. Pour moi, Thomas ne mérite pas la note qu'il a eue.

Georges – Maman, tu sais que Thomas a également payé son frais de scolarité ? Hier, lors qu'on lisait la liste des detteurs, son nom ne figurait pas sur la liste. Par après, j'ai demandé au caissier de l'école et il m'a dit que Thomas a tout payé ; même les arriérées C'est toi qui lui a donné l'argent ?

Juliana (*Curieuse*) – Je ne sais pas où trouve-t-il l'argent. Peut-être, il fait parti des bandits du quartier et quand nous dormons la nuit, il part avec ses complices pour semer le malheur chez les gens innocents ; mais cela sera dévoilé un beau jour

Georges – Laisse-le ! Tu l'as bien dit maman et on va savoir ses activités louches (*Il ferme ses yeux et quand il les ouvre, il parle avec sa mère*) Maman, je voudrais te proposer quelque chose.

Juliana ((*Curieuse*) Vas-y mon cher. Je t'écoute.

Georges (*En souriant*) Nous finissons l'examen de fin de trimestre la semaine prochaine. Est-ce possible d'aller à Accra pendant le congé qu'on nous donnera ?

Juliana *(Pour soutenir l'idée de son fils)* C'est une très bonne idée. Cela va coïncider à mes congés annuels au bureau et nous allons profiter de ce beau moment

Georges – Il faut absolument en profiter car la vie est imprédictible. La semaine passée, un élève de la terminale est mort. Lors qu'on a fait l'autopsie, on a constaté qu'il avait eu une crise cardiaque.

Juliana - Oh Mon Dieu ! Que son âme se repose en paix. Même chez nous au bureau, on a perdu l'une des secrétaires. Il y avait une autre secrétaire qui a mis du poison dans son repas à son insu parce qu'on a donné une promotion à celle qui est morte.

Georges - Maman, les choses qui se passent ces jours-ci m'ont fait peur. Je veux te conseiller de ne plus demander à Thomas de faire la cuisine pour nous parce que nous ne voudrions pas qu'il nous met du poison dans le repas.

Juliana – C'est vrai. Comme ca. On va attendre jusqu' à notre retour d'Accra et je lui dirai. Comme nous n'avons pas assez de temps, je commencerai les démarches demain matin : compagnie d'aérienne pour faire la réservation et même acheter les billets et après le bureau de change pour avoir les devises pour le voyage.

Georges – Super *(Il va vers sa mère pour l'embrasser)* La maman du siècle. Félicitations. C'est pour cette raison que je t'aime ma chérie.

Juliana – Merci mais je dois manger maintenant et après, j'ai du travail à faire. Allons manger ! (*Ils sortent*)

Scène 5

(Une semaine après le départ de tante Juliana et Georges à Accra. Thomas est allé à l'église comme d'habitude pour la répétition de la chorale. Il rencontre son pasteur qui a commencé une conversation)

Thomas *(Pressé)* – Il est dix-sept heures trente et je dois me précipiter pour arriver à l'église avant le commencement du culte de soir *(Quand il marche, il rencontre ses deux amis Elaine et Joseph et ils discutent pendant quelques minutes)*

Joseph *(Surpris)* – Thomas, le patron Thomas. Comment ça va ?

Thomas *(Content)* Je vais bien mes amis.

Elaine *(Contente)* - Je suis vraiment ravie de te rencontrer Thomas et je suis contente que tu aies un air très calme et content. Félicitations également de ta performance extraordinaire pendant les examens et je te souhaite la réussite dans toutes tes entreprises.

Thomas – Merci de ton compliment et je prie Dieu que cela soit ainsi.

Joseph – Tu ne nous as pas dit le secret de ta disposition. Qu'est-ce qi s'est passé ?

Thomas *(Content)* Mes amis, Dieu est grand et il fait des prodiges à ses fideles. Je vous ai dit que ma tante a refusé de payer mes frais de scolarité et elle m'a même ordonné d'habiter dans une chambre dans la cour où nous habitons.

Elaine – Oh Mon Dieu !

Thomas – Par après, tonton Moussa, notre voisin, m'a interrogé concernant ma vie avec tante Juliana et je lui ai tout raconté. Il a payé mon frais de scolarité et a promis de me donner la nourriture chaque jour.

Joseph – Dieu Merci. Que son Nom soit loué ! Mon frère il faut continuer à travailler bien. Tout ira bien.

Thomas (*Plein de confiance*) Oui Joseph. Je m'accroche bien à Dieu. Je vais à l'église pour un culte d'intercession et comme je fais partie de la chorale, il est important que j'y suis.

Elaine – Donc, nous n'allons pas te retarder. Au revoir mon ami et confie-toi entre les mains de Dieu !

Thomas – Merci Elaine et Joseph. A bientôt. (*Ils se séparent. Thomas continue à marcher jusqu' à l'église et à l'entrée de l'église, il voit le Pasteur Enitor. Il le salue*). Bonsoir Pasteur.

Pasteur Enitor (*Souriant*) – *Bonsoir mon fils. Comment vas-tu ce soir ?*

Thomas – Par la Grace de Dieu, je vais bien.

Pasteur Enitor – Amen. Mon fils, il y a une chose qui me préoccupait et ça fait longtemps, je voulais te dire mais il n'avait pas de moment opportun. Je pense qu'aujourd'hui est le moment opportun *(Une Pause)* Est-ce qu'on peut aller dans mon bureau.

Thomas – D'accord Pasteur et comme vous voulez.
(Ils vont au bureau du Pasteur et après avoir fait la prière, Pasteur Enitor reprend la conversation)

Pasteur Enitor - Thomas, tu as été très fidele à l'église malgré la souffrance à la quelle tu fais face à la maison. La semaine passée, quand je faisais la prière de nuit, le Seigneur Jésus m'a dit qu'il voudrait te bénir, mais je ne sais pas comment. Depuis ce temps-la, l'Esprit Saint me force à te dire. Je voulais te dire le dimanche passé après le culte mais quand j'ai demandé où tu étais, on m'a dit que tu es parti.

Thomas *(Très content)* - Oh Mon Dieu ! Que cela soit réalisé

Pasteur Enitor – Amen *(Pause)* Je pense que nous devons aller commencer le culte car le temps nous fait défaut *(Ils sortent du bureau du Pasteur)*

Scène 6

(Trois semaines après le culte à l'église. Thomas est à la maison en train de faire ses révisions. En même temps, il écoute la radio. Il parle au téléphone avec Tonton Moussa et quand il raccroche, il capte la Radio France Internationale pour suivre le journal de 15 heures. Après cinq minutes, il y a quelqu'un qui frappe à la porte de la maison. Il se précipite vers la porte et à sa grande surprise, il voit un étranger. Apres un dialogue au portail, il laisse la personne entrer dans sa chambre).

Thomas – Allo tonton Moussa…. Oui, je suis à la maison…. Je fais la révision mais j'irai chercher mon repas après avoir fini…. Tu es gentil mon cher tonton….quand vous arrivez chez vous, il faut m'avertir tonton… au revoir et à bientôt (*Quelqu'un frappe* à la porte et Thomas demande qui) qui est-ce à la porte ?

Oncle Jacques – C'est moi Jacques.

Thomas *(Curieux)* Jacques ?

Jacques – Oui c'est moi

Thomas *(Il ouvre la porte)* Bonjour Monsieur.

Jacques – Bonjour mon mec. Je demande une certaine Juliana Williams. Je suis son frère Jacques qui vit aux Etats-Unis. Je suis venu en vacances et je pense bien qu'elle habite ici. N'est-ce pas ?

Thomas – Oui monsieur. C'est ici la maison de Tante Juliana.

Jacques (*Il est étonné quand Thomas dit Tante Juliana et il demande cette question*) es-tu parenté à Juliana car tu as dit Tante Juliana ?

Thomas – (*Il a peur car il ne sait pas si la personne a une bonne foi ou pas*) Oui Monsieur, elle est ma tante.

Jacques (*Toujours curieux*) Dis-moi comment vous êtes parentés ?

Thomas – Je suis le fils de son défunt frère Charles Smith ?

Jacques (*Surpris*) C'est vrai ?

Thomas (*Avec fierté*) Je ne mens pas monsieur. Je te le jure Charles Smith était mon père. Ma mère Marthe est aussi décédée et je suis orphelin. Ma tante Juliana m'a pris et depuis la mort de mes parents et j'habite ici avec tante Juliana et son fils Georges.
(*Jacques est choqué. En percevant son état, Thomas a demandé une autre question*)

Thomas - Vous allez bien monsieur ?

Jacques – Oui je vais très bien. Thomas, viens m'embrasser ! Je suis ton oncle. Je suis le jeune frère de ton père et le frère ainé de Juliana *(Thomas embrasse son oncle)* Juliana est mechante.

Thomas - Pourquoi vous dites ceci oncle Jacques ?

Jacques *(Avec les larmes qui coulent de ses yeux)* Il y a un an, lors que j'ai téléphoné à Juliana, j'ai discuté ton héritage, elle m'a dit que tu es mort dans un accident de voiture quand tu rentrais de puiser de l'eau.

Thomas *(Surpris)* Quoi ? Tante Juliana est vraiment méchante.

Jacques – En tout cas. Mon fils, avant de mourir, ton père a laissé une fort somme d'argent à la banque et les documents de la seule maison qu'il a construite. Il m'a tout donné et a dit de te donner l'héritage quand tu auras dix-huit ans. Mais comme Juliana m'avait dit que tu étais mort, je suis venu pour lui demander ce qu'on devait faire avec l'héritage.

Thomas *(Surpris)* – Oncle Jacques, Vous me surprenez.

Jacques – Où est-elle ?

Thomas – Elle a voyagé la semaine surpassée avec Georges à Accra pour un petit congé.

Jacques – Ça tombe juste. Tu vois, demain matin, tu dois me rencontrer à l'hôtel « *Le Miracle au carrefour Dez* » et nous allons faire les démarches. Je vais tout faire pour te reloger avant qu'elle ne retourne et je m'attends à ce qu'elle dira *(Pause)* En attendant, tiens cette somme d'argent pour payer le transport demain matin.

Thomas *(Plein de gratitude, il remercie son oncle)* Merci beaucoup Oncle Jacques. Que Dieu vous bénisse et qu'il vous protège car c'est vous qui avez tout dévoilé.

Jacques *(Avec un air satisfaisant)* – Je t'en prie mon cher. Chaque chose à son temps. Dieu est omniscient et nous ne pouvons pas le croire. *(A ces mots, ils se disent au revoir. Thomas rentre dans sa chambre et Jacques à son hôtel)*

Scène 7

(Cinq jours plus tard, Thomas déménage à son nouvel appartement grâce à l'aide de son oncle. Le jeudi matin, il est dans la maison avec son oncle et ils ont entendu une frappe à la porte de la maison. C'est Tante Juliana qui est à la porte avec son fils. Elle veut créer une pagaille mais elle est renvoyée par son frère qui lui a dit de ne plus venir à cette maison là).

Thomas *(Très content)* – Oncle Jacques, je ne sais pas comment vous remercier. Tu as changé mon destin entier. Si ce n'était pas vous, je continuerai à souffrir chez tante Juliana. Imagine la situation ; elle ne me donnait pas à manger et je travaillais presque toute la journée. Que Dieu vous bénisse mon oncle.

Jacques *(Souriant)* Oublie tout cela Thomas. La période de souffrance a fini et c'est une nouvelle situation qui commence. Une chose que je te conseillerai est de bien utilisé l'argent de ton héritage.

Thomas – Oui oncle. Je vais bien l'utiliser.

Jacques – Tu sais, maintenant, presque tout le monde voudrais être ton ami et si tu ne fais pas attention, ils vont faire de sorte que tu épuises ta fortune et que tu viens pauvre encore.

Thomas - Mon oncle, je vais bien garder. Je voudrais mettre le rez-de-chaussée de cette maison en location et je vais habiter le premier étage. Comme ca, je vais avoir de l'argent à la fin de chaque mois pour m'entretenir.

Jacques – Une idée brillante. Tu es vraiment un garçon très intelligent et je prie Dieu que tu réussisses dans la vie.

Thomas – Amen.
(A ce moment-là, il y a une frappe à la porte)

Jacques *(Avec un ton strict)* – Qui est-ce ?

Juliana - C'est moi Juliana.

Jacques – J'arrive *(Oncle Jacques va vers la porte et quand il l'ouvre, il voit sa sœur Juliana. Derrière elle, c'est Georges qui dit bonjour à son oncle. Juliana dit à son frère qu'elle a vu la petit note que Jacques a mis dans sa boite de lettre et c'est ainsi qu'elle a su que Jacques était en ville. Jacques les dirige vers le salon et des que Juliana voit Thomas, elle est choquée et elle se fâche contre lui).*

Juliana – Qu'est-ce que tu fais ici Thomas? Qui t'a fait venir ici ?

Jacques – C'est moi qui l'ai fait venir ici. N'a-t-il pas le droit de venir me voir ? Juliana, depuis notre enfance, tu étais méchante et jus qu'à présent, tu ne cesse pas de l'être. Pourquoi veux-tu priver ton propre neveu. Le fils de ton frère. As-tu oublié que quand Charles était vivant, il a beaucoup fait pour ta réussite ? Quand ton mari t'a divorcé, qui t'a trouvé un travail ? Pourquoi cet acte méchant envers son enfant ?

Juliana (*Plein de honte*) Pardonne-moi mon frère. Je ne sais pas ce qui m'a pris. C'est le travail du diable et je suis vraiment désolée.

Jacques - Laisse-moi tranquille ! Tu es méchante (*Pause*) Juliana, je veux te dire qu'à partir de ce jour ne me demande plus l'argent. Tu vas te débrouiller avec to fils.

Juliana – (*Commence à pleurer*) Ne fais pas comme ça mon frère ! Je ne pourrai pas vivre son ton aide. Ne sois pas sévère Jacques !

Jacques (*Il se met en colère*) C'est ton affaire. Va chercher le bête qui va t'aider (*Pause. Il tourne vers Thomas*) Et toi Thomas, ne va jamais chez ta tante même si tu te trouves en difficulté. Dans ce cas, il faut me téléphoner et je vais te mettre en contact avec quelqu'un.

Thomas (*Plein de sourire*) – D'accord oncle Jacques. Je le ferai.

Jacques (*Il sourit encore*) - Génial (*Il tourne vers sa sœur*) Je dois aller prendre ma douche et Thomas doit acheter du pain pour notre petit déjeuner. On se verra si j'ai le temps.

Juliana – Je peux faire partie du petit-déjeuner ?

Jacques – Non Juliana. Tu ne mérites plus manger avec moi. Tu as démontré un acte de méchanceté et je n'encourage pas les personnes méchantes. Au revoir.

(Juliana se lève et elle dit au revoir. Elle quitte la maison avec son fils)

LA FIN

www.ingramcontent.com/pod-product-compliance
Lightning Source LLC
Chambersburg PA
CBHW031417040426
42444CB00005B/607